지킴이 안전 교육 동화 교과 연계

*보육·유치 과정
기본 생활 : 안전한 생활
자연 탐구 : 과학적 탐구
건강 생활 : 안전하게 생활하기
탐구 생활 : 과학적 기초 능력 기르기

*초등학교 과정
1학년 2학기 바른 생활 : 나의 몸
1학년 2학기 슬기로운 생활 : 나의 몸/병원놀이
2학년 1학기 바른 생활 : 함께 지켜요
2학년 2학기 바른 생활 : 지키면 안전해요/
생명의 소중함

글 꿈바라기

아이들이 아름답고 예쁜 마음을 가지고 자라길 바라며
글을 쓰고 있는 전문 작가 그룹이에요. 아이들이 안전에 대해 인식하고
스스로를 지키며 건강한 어른으로 성장하길 바라며 <지킴이 안전 교육 동화>를 썼어요.

그림 서상희

세종대학교에서 만화애니메이션을 전공해 아름답고 조화로운 그림을 그리기 위해 노력하고 있어요.
그린 책으로는 <민족의 수난> <바로 독해> <흥겨운 단옷날> 외 다수가 있으며,
항상 즐겁고 행복하게 그림을 그리는만큼 아이들도 그림을 보고 행복을 함께 느꼈으면 해요.

추천 및 감수 (사)한국생활안전연합

(사)한국생활안전연합은 '어린이가 안전하면 모두가 안전하다' 라는 생각으로
사회적 약자가 안전한 세상을 만들어 가는 데 앞장서는 대한민국의 대표 안전 비영리공익법인입니다.
한국생활안전연합은 어린이가 안전한 세상을 만들기 위해서 어린이들의 안전한 등하굣길 만들기
S·L·O·W 캠페인, 안전한 가정 만들기 Safe Home Start 캠페인, 보육 시설 안전 캠페인,
안전교육프로그램 개발 및 교재 출판, 어린이·학부모·교사 대상 방문 안전교육 실시, 안전과 관련된 정책 및
입법 활동, 학술 연구 및 실태 조사, 국내외 안전 단체와의 교류 등 안전 문화를 확산하는 데 앞장서고 있습니다.
(www.safia.org)

지킴이 안전 교육 동화 59 **앗! 뜨거워요**

글 꿈바라기 | **그림** 서상희
펴낸날 2011년 4월 20일 | **펴낸이** 박도선 | **펴낸곳** 풀잎나라
출판등록 1999년 6월 10일, 제10-1773호
주소 413-756 경기도 파주시 교하읍 서패리 243-1
대표 전화 1644-7123 | **팩스** 031-948-7124
전자메일 dosi1@chol.com
홈페이지 www.pullipnara.co.kr

ⓒ풀잎나라 2011, Pullipnara
이 책은 풀잎나라에서 저작권을 소유하고 있으므로
본사의 동의나 허락 없이 글이나 그림, 사진을 사용할 수 없습니다.

*풀잎나라는 태동출판사의 어린이책 전문 브랜드입니다.

*잘못된 책은 구입한 곳에서 바꿔드립니다.

앗! 뜨거워요

글 꿈바라기 | 그림 서상희

엄마가 내일 어린이집에
입고 갈 내 원복을 다림질해요.
"지수 옷이 반짝반짝해지네."

다리미가 내 옷을 미끄럼 타듯
쓱쓱 지나갈 때마다
내 옷이 반듯하게 펴져요.

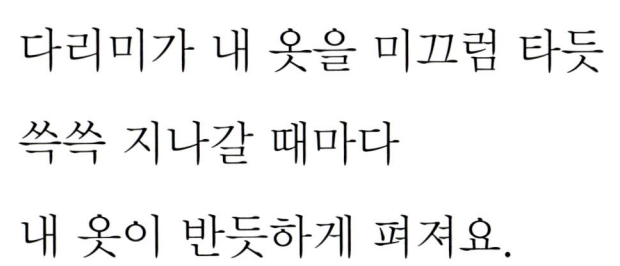

"이제 다 다렸다.
우리 지수, 어린이집에서 멋쟁이가 되겠네."
"야호, 신 나요!"

앗, 그런데 지수가 실수로
다리미에 발을 데고 말았어요.
"어머!"

엄마는 얼른 지수를 데리고 욕실로 들어가
찬물에 발을 담갔어요.
그러자 뜨겁던 발이 식었어요.

그리고 얼음으로 얼음주머니를 만들었어요.
"자, 깨끗한 수건을 발에 덮고 얼음주머니를 올리면 한결 좋아질 거야."

열이 식자 엄마는 상처 부위에 연고를 발라 주었어요.
"면봉으로 살살. 아파도 조금만 참으렴."

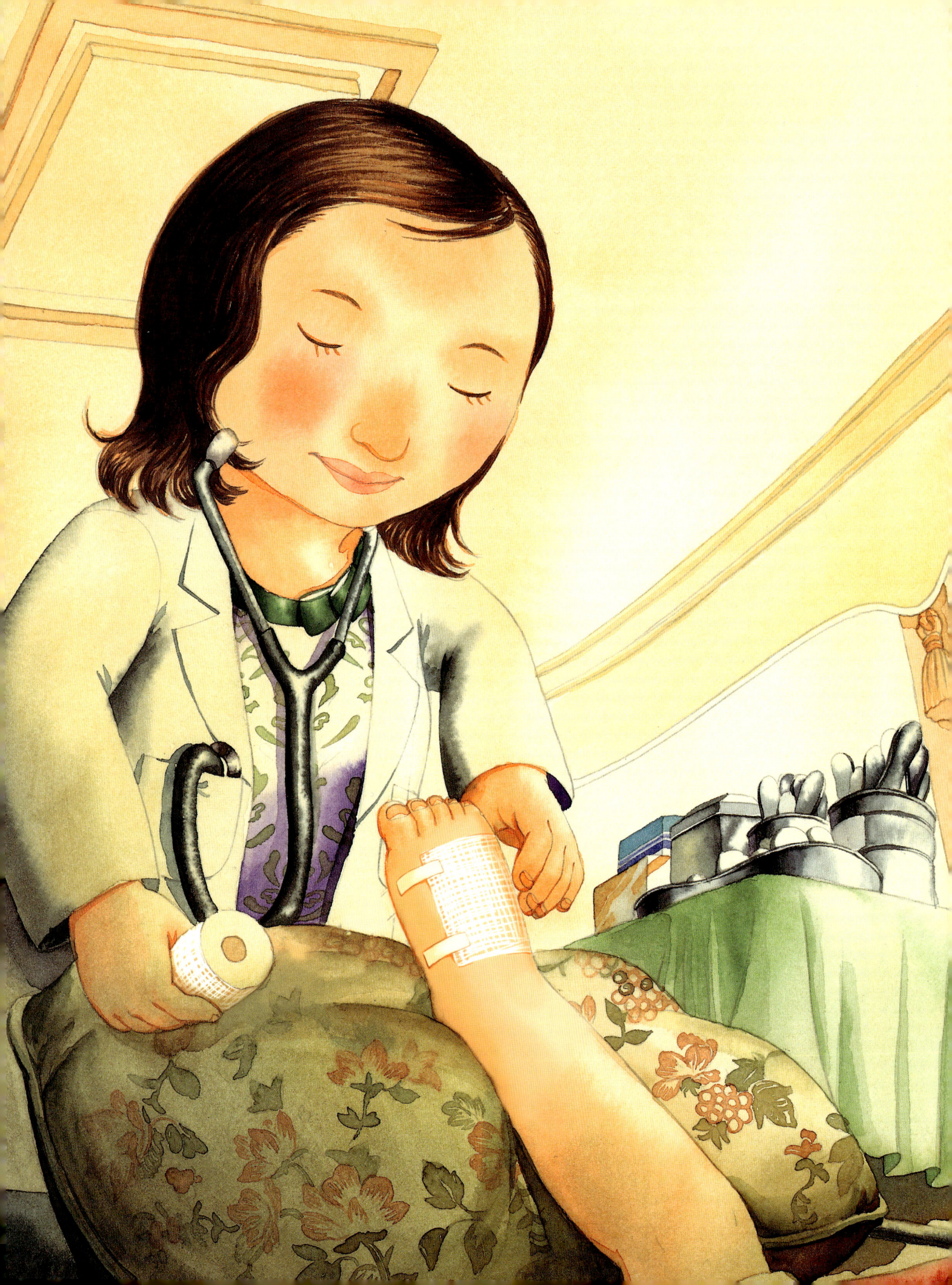

다음 상처 부위에 거즈를 올렸어요.
지수는 엄마가 꼭 의사 선생님 같았지요.

지수는 조심하지 못한 것이 미안했어요.
"엄마, 미안해요. 다음에는 뜨거운 것 가까이에서 장난치지 않을게요."

"괜찮아, 지수야. 엄마가 요리를 하거나,
뜨거운 것을 만질 때는 가까이 오면 안 돼.
또 다칠 수도 있어."

다리미도 조심!

난로도 조심해요!

"네, 엄마."
지수는 오늘 발을 다쳤지만, 든든한
엄마가 있어 좋았어요.
그리고 앞으로 뜨거운 것 가까이에는
가지 않기로 다짐했어요!

화상을 입었을 때 응급 처치

- 화상을 입으면 즉시 흐르는 차가운 물에 담가 열을 식혀요.
- 흐르는 수돗물에 상처를 식힐 때는 너무 센 수압으로 하여 상처를 내지 않도록 해요.
- 가능한 한 물집을 터뜨리지 않아요.
- 더러운 물건이나 먼지가 화상 부위에 닿지 않도록 해요.
- 화상 부위에 옷이 밀착된 경우에는 옷을 함부로 벗지 않고 화상 부위에 붙은 옷을 잘라 내요.
- 화상 전용 연고를 바른 후 거즈를 붙여 상처 부위를 감싸요.
- 상처 부위에 탈지면이나 기타 오일을 사용해서는 안 돼요.
- 화상 부위가 넓으면 병원에서 치료를 받아요.

부모님께

유아의 화상 사고 시 화상의 정도가 심하지 않아도 매우 치명적인 결과를 가져올 수도 있습니다. 그래서 유아의 화상은 반드시 병원 치료를 받아야 합니다. 유아의 피부는 매우 얇아서 낮은 온도에도 심한 화상을 입는다고 합니다. 특히 피부 흉터는 원상 복구가 어려워 오랜 시간 치료를 해야 하고, 심리적인 스트레스를 줄 수 있습니다. 그러므로 유아에게 미리 화상 예방 교육을 시켜 주어야 합니다.

안전한 행동을 알아요

다음 그림을 보고 알맞은 내용을 선으로 연결하세요.

엄마가 지수의 어린이집 원복을 다림질했어요.

지수가 실수로 다리미에 발을 데었어요.

엄마가 상처 부위에 연고를 발라 주었어요.

응급 처치법 순서 알기

지수가 실수로 다리미에 발을 데었어요. 엄마가 행한 응급 처치법을 ○ 안에 순서대로 번호를 쓰세요.

〈참고 자료〉
교육인적자원부(2006), 유아를 위한 성교육 프로그램, 교육인적자원부
교육인적자원부(2007), 제7차 유치원 교육과정 해설, 교육인적자원부
교육인적자원부(2007), 유아를 위한 전자미디어교육 활동 자료, 교육인적자원부
보건복지가족부(2008), 연령별 보육프로그램 운영매뉴얼, 육아정책개발센터
윤선화·정윤경·이경선(2010), 영유아를 위한 안전교육과 안전교육 프로그램, 한국생활안전연합

안전 관련 기관

＊교통안전
  도로교통공단 www.koroad.or.kr
  한국생활안전연합 슬로우 어린이교통안전 캠페인 www.slow.kr

＊놀이 안전
  한국생활안전연합 놀이터안전센터 www.playsafety.or.kr

＊가정 안전
  안전한 가정 만들기(Safe Home Start) 캠페인 www.safehome.or.kr

＊화재 및 화상 안전
  소방방재청 www.nema.go.kr
  119 안전신고센터 www.119.go.kr   전화 : 국번없이 119
  한국전기안전공사 www.kesco.or.kr
  한국가스안전공사 www.kgs.or.kr

＊재난 안전
  기상청 www.kma.go.kr
  국립방재연구소 www.nidp.go.kr

＊유괴 및 미아, 성폭력 예방
  경찰청 실종아동찾기센터 www.182.go.kr   전화 : 국번없이 182
  중앙아동보호전문기관 www.korea1391.org   전화 : 1577-1391 또는 국번없이 129
  서울해바라기아동센터 www.child1375.or.kr   전화 : 02-3274-1375
  여성긴급전화 www.seoul1366.or.kr   전화 : 각 지역번호+1366
  한국성폭력상담소 www.sisters.or.kr   전화 : 02-338-5801~2
  한국생활안전연합 www.safia.org   전화 : 02-3476-0119

＊식품 및 약물 안전
  식품의약품안전청 www.kfda.go.kr
  질병관리본부 www.cdc.go.kr

＊승강기 안전
  한국승강기안전관리원 www.kesi.or.kr
  한국승강기안전기술원 www.kest.or.kr

＊기타
  응급의료정보센터 www.1339.or.kr   전화 : 국번없이 1339